CRISTO EL CURADOR

Rune Larsen

Cristo El Curador

Publicado por Autor - Rune Larsen

www.SecretRevelations.com

Todos los derechos reservados.
Ninguna parte de este libro debe ser reproducido o transmitido de cualquier forma ni por ningún medio, dispositivo electrónico, o mecánico, incluida la fotocopia, reproducción o uso de una base de información y un sistema de recuperación, sin el permiso por escrito del titular de los derechos de autor.

Toda citación Bíblica son referidas del New King James Version®. Copyright © 1982 por Thomas Nelson. Usado con permiso. Todos los derechos reservados. A menos que se indique lo contrario.

Isbn; 978-82-93411-21-5

Diseño de portada por Panagiotis Lampridis

Prólogo

Era de noche

El jardín de Getsemaní, el lugar donde Jesús fue abandonado. Aquí fue donde él había sido entregado al gobierno, aquí fue donde él había sido traicionado con un beso. Aquí fue donde había sido separado de sus discípulos - aquí fue pudo haber llamado a más de doce legiones de ángeles - Aquí fue donde empezó a dar sus últimos pasos para cumplir con la voluntad de su Padre. Aquí en el jardín de Getsemaní fue donde él dio un paso sobre la corriente de Cedrón, un paso para la humanidad.
-Para que se cumplieran las escrituras - Para llevar a cabo la voluntad del Padre.

Está escrito

Ciertamente llevó él nuestras enfermedades, y sufrió nuestros dolores; y nosotros le tuvimos por azotado, por herido de Dios y abatido.
Más él herido fue por nuestras rebeliones, molido por nuestros pecados: el castigo de nuestra paz sobre él; y por su llaga fuimos nosotros curados.

Como ovejas perdidas, la humanidad se ha extraviado. Todos han recurrido a sus caminos. Y el Señor ha puesto sobre él la injusticia de todos nosotros.

Mateo 27:26

Entonces les soltó á Barrabás: y habiendo azotado á Jesús, le entregó para ser crucificado.

Cuando lo azotaron con el látigo, fue como un felino que lo agarró por detrás con sus garras. La tortura verdadera fue cuando halaban el látigo de regreso; Entonces, él fue hecho pedazos por el látigo.

En el látigo, llamaron al felino, tenía nueve colas con pequeños pedazos de hierro, hueso, y vidrio unidos a ellas. Para un cuerpo ordinario y mortal, la aplicación de esta terrible herramienta de tortura por si sola puede causar la muerte.

Azote tras azote conducido por el látigo; Por sus heridas, hemos sido sanados. (1 Pedro 2:24)

Y lo llevaron a Calvario, lo fijaron en la cruz para nosotros que somos pecadores.

Durante la fijación en la cruz, él dijo; Padre, perdónalos, porque no saben lo que hacen.

Entonces uno de los delincuentes que estaban allí colgados empezó a hablarle con desprecio. Le decía: "Tú eres el Cristo, ¿no? ¡Pues sálvate a ti mismo y a nosotros también!". Al oír esto, el otro lo reprendió: "¿Acaso no le tienes ningún temor a Dios, ahora que has recibido el mismo castigo?"

"Y, en nuestro caso, es lo justo, porque estamos recibiendo nuestro merecido por lo que hicimos; pero este hombre no ha hecho nada malo". Entonces dijo: "Jesús, acuérdate de mí cuando entres en tu Reino".

Y ahí, en medio de lo que Satanás creía que sería su marcha de victoria, Jesús le contestó al criminal: "Yo te aseguro hoy: estarás conmigo en el paraíso".

Que proclamación, en medio de su terrible dolor, ¡Jesús le mostró el mayor amor de todos!
Satanás estaba confundido. Por una parte, él quería ver a Jesús muerto, y por otra parte, trató de tentar a Jesús a bajar de la cruz. Y en ese momento Jesús demostró por qué él vino a la tierra. Él literalmente arrancó a este ladrón de las garras de Satanás en la puerta del infierno. Y le dijo: "Yo te aseguro hoy: estarás conmigo en el paraíso".

Las personas alrededor de la cruz
Aquellos que estuvieron de pie alrededor del madero no lograban entender que Jesús pudo haber bajado de la cruz, y que su cuerpo físico podía ser restaurado.
No fueron los clavos que lo mantuvieron en la cruz, pero su disposición de llevar a cabo la voluntad del Padre y por su inmenso amor por la humanidad.

Nosotros somos quienes debieron haber sido colgados, porque Jesús no tenía pecado ni culpa. Él fue el Santo Hijo de Dios. Él pagó por nuestros pecados, para librarnos de ella.
Tan pronto como los clavos peroraron sus manos, su sangre comenzó a correr.

Cerca de la hora sexta, toda aquella tierra se cubrió de oscuridad, porque la luz del sol se fue. Y la cortina del santuario fue cortado a la mitad.

Y Jesús gritó con fuerza: "¡Padre, en tus manos encomiendo mi espíritu!" Después de decir esto, dio su último aliento.

Fue la santa sangre de Dios que corrió por tus pecados y por mis pecados. Fue con esta sangre con el que Jesús selló el documento establecido por el nuevo pacto ante Dios por toda la eternidad.

Jesús Cristo, el último sacrificio entre Dios y el hombre. Por toda la eternidad.

Nadie podía tomar su vida; ¡él la concedió!

Notas;

_____

_____

_____

_____

_____

_____

Introducción

Tus fundamentos bíblicos y acciones hacen que dan camino a la sabiduría y el entendimiento.

Cristo el Curador es un libro de discipulado basado en la biblia, y usa la Santa Biblia como libro de texto.
Este libro contiene 12 lecciones, con aproximadamente 9-15 preguntas en cada lección. Esto te da más de 170 preguntas con los que puedes estudiar.

Después de cada capítulo en este libro, encontrarás respuestas-explicaciones a las preguntas. No los busques por anticipado, más bien encuentra las respuestas a través de la Biblia para encontrar las revelaciones en ella.

Cuando empieces a estudiar con este libro de ejercicios, obtendrás revelaciones. Toda revelación debe tomarse con fe. Si no lo haces, no podrás obtener o ver ninguna revelación.

Puedes optar por trabajar con este libro a solas, con tu familia, o en una congregación.

Aquí tienes una pregunta de lo que dice la Biblia sobre las revelaciones y su importancia;

1. ¿Por qué perecerán las personas? (Proverbios 29:18) (KJV)

_____

Respuesta;
Las primeras palabras en Proverbios 29:18 son; Donde no hay visión. La palabra **visión** es de la palabra Hebrea; Chazown, lo cual significa **revelación**.

Notas para la respuesta;
Aquí está la revelación a Proverbios 29:18 con una explicación.
-Si no tienes ninguna revelación, estarás desnudo ante tu entendimiento de la palabra de Dios y de tus caminos del Señor. Si la fe de los creyentes se encuentra desnuda, entonces no tienen puesto la armadura de Dios, y no son útiles para el ministerio de Dios.
Para ponerse la armadura que nos enseña Efesios, no puedes orar y preguntarle a Dios para recibir. Debes empezar a caminar con el Señor, y luego tu entendimiento empezará a crecer.

La obediencia a lo que leemos es de gran importancia
Cuando te empiezas a formalizar con el Señor, el responderá de la misma forma. Si aun no has hecho esto en tu vida, ahora es el tiempo de hacerlo.
Toma tu tiempo con las preguntas de este libro. Lo que aprendas de ella te pertenecerá. Las revelaciones que obtengas de ellas, se lo podrás dar a otros. Si hacen lo mismo que tu, de repente, llegamos a ser parte del pueblo de Dios que hacen discípulos.

Muchos leen la palabra de Dios, y muchos van a una 'iglesia' para escuchar la palabra de Dios. No deberías preguntarte que tan sabio son las personas a que escuchas, más bien debes preguntarte quien eres a los ojos del Señor.

¿Te estás tomando en serio su palabra escrita?
¿Eres uno de los siervos del Señor? O, ¿Eres solo un oyente de la palabra?
-Santiago 1:22 declara; No se limiten a oírla, engañándose a sí mismos con razonamientos falsos.

Si el Señor lo dice; Es así, debemos obedecer de nuestros corazones. Si el Señor lo dice; Enfrenta al mundo llevando mi evangelio, debemos actuar en base a esas escrituras.

Tristemente, muchos creyentes se quedan en casa rogándole al Señor día tras día para saber qué hacer.
Si está escrito, está escrito para que nosotros lo hagamos. Si no lo hacemos, no creemos en lo que dice el Señor.

Los primeros pasos que tomas es como caminar sobre agua (el cual es una imagen de ti moviéndote en direcciones que parecen imposibles).
Pero debes decidir por ti mismo sobre tomar estos pasos, ya que nadie que te rodee o que esté en tu congregación puede decidir esto por ti.

2. ¿Qué nos dice Hebreos 10:35?

Respuesta; Nos dice que no aislemos nuestra confianza (audacia), esto nos traerá gran recompensa.
-Esto te lleva a; Usar tu audacia, ser un testigo de los que viven en la oscuridad.

Dios no te da todo el entendimiento de una vez. Pero él promete que te seguirán señales y maravillas mientras actúes en lo que crees.

3. Ya has estudiado varias preguntas con las respuestas escritas debajo de ellas

En el resto del libro, eres tu quien debe encontrar las respuestas en tu Biblia. Algunas de las preguntas no hacen referencia a un versículo bíblico. Esto es por que debes tomar nota de tu sabiduría divina

Te insto a que también tengas tranquilidad cuando estudies con este libro. Sé muy sensible a la voz del Señor cuando se trata de revelaciones de él cuando estudies estas preguntas.

Este libro está escrito únicamente por las revelaciones del Señor. Así que considera esto; Cuando se escribe revelaciones divinas, ellas se irán revelando más. Esto significa en pocas palabras que; Si se familiariza más con las revelaciones de este libro, no te sorprendas si se te revelan más.

Espero que puedas disfrutes y sacar al máximo el contenido de este libro.

Que el Señor te bendiga a ti y a los tuyos en abundancia.

Autor - Rune Larsen

CONTENIDO

En el principio 1
Adán & Eva 7
El diluvio 13
Jesús Cristo es Señor No una palabrota 21
El dio su vida 27
La luz 33
La Palabra 39
Pecado 47
Arrepentimiento 57
Salvación - Rescatado Parte 1 65
Salvación - Rescatado Parte 2 75
Ve - Sus últimas palabras, nuestra primera prioridad 83
Santidad 95
Muchas gracias por leer este libro 105

LECCIÓN 1

En el principio

1. ¿Que creo Dios en el principio? (Génesis 1:1)

_____

_____

2. ¿Que nos enseña Génesis 1:1? (Romanos 1:19-20)

_____

_____

3. ¿Quien creó a Dios?

_____

_____

_____

4. ¿Tiene Dios una Madre?

_____

_____

5. ¿Cuál fue la luz en Génesis 1:3? (Juan 8:12)

_____

_____

6. ¿Qué otras dos luces creó Dios en Génesis 1:16?

1_____ 2_____

7. ¿Cuál fue el propósito de esas dos grandes luces? (Génesis 1:16)

(1)_____

_____

(2)_____

_____

_____

8. Génesis 1:26 dice: Hagamos al ser humano a nuestra imagen. ¿Qué significa?

_____

_____

_____

9. ¿Que nos enseña Génesis 1:31?

_____

_____

Notas;

_____

_____

_____

_____

_____

_____

Respuestas a la Lección 1
En el principio

1. El cielo y la tierra.

2. La Biblia no empieza con evidencia teórica o filosófica sobre Dios pero muestra que Dios es conocido por su propia creación.

3. El nombre Dios es un título, y solo puede pertenecer al creador mismo. El nombre de Dios es Yahvé, y significa; El Hace que Llegue a Ser.
-El resulta ser lo que resultará ser.

4. No. El es Yahvé. El resulta ser lo que resultará ser.

5. Jesus Cristo.

6.
(1) El sol.

(2) La Luna.

7.
(1) La luz mayor (el sol) para gobernar el día.

(2) La luz menor (la luna) para gobernar la noche y las estrellas.

8.

La palabra Dios en Génesis 1, es la palabra Hebrea Elohim.

La pluralidad de personas en la Deidad sugiere que el término de Dios Elohim es una forma plural.

Dios dijo en, Juan 1:3. (El Padre)
Colosenses 1:15-17. (El Hijo)
El Espíritu de Dios. Colosenses 1:17. (El Espiritu Santo)

9. Entonces Dios vio todo lo que el creó y vio que todo era muy bueno.

Notas;

_____

_____

_____

_____

_____

_____

_____

LECCIÓN 2

Adán & Eva

Lee la historia sobre como Adán y Eva pecaron.
(Génesis 3:1-24)

1. Dios le dio un mandamiento en el jardín de Edén, ¿Cuál fue ese mandamiento? (Génesis 2:17)

_____

_____

2. ¿Qué sucedió cuando Adán y Eva comieron del árbol? (Génesis 3:7)

_____

_____

3. ¿Qué le dijo Satanás a Eva en Génesis 3:4-5?

V. 4 _____

V. 5 _____

4. ¿Qué era el árbol del conocimiento?

_____

_____

_____

5. ¿Qué era la serpiente en el árbol del Conocimiento? (Génesis 3:1)

_____

_____

6. ¿Existe alguna verdad en Satanás? (Juan 8:44)

_____

_____

7. ¿Tenían algún conocimiento Adán y Eva sobre la maldad antes de comer del árbol? (Génesis 2:25)

_____

8. ¿Qué sucedió en Génesis 3:7?

(1)_____

_____

(2)_____

_____

9. Adán y Eva comieron del árbol del conocimiento de lo bueno y malo. Pero la Biblia menciona la importancia de otro árbol que existía en el jardín, ¿Qué tipo de árbol era? (Génesis 3:22)

_____

10. ¿Por qué fueron expulsados Adán y Eva del jardín de Edén? Y ¿Qué pasaría si pudieran comer del árbol de la vida? (Génesis 3:22)

(1)_____

_____

(2)_____

_____

11. ¿Qué hizo Dios con la tierra desde que Adán y Eva comieron del árbol? (Génesis 3:17)

_____

12. ¿Cómo puede reconciliarse la humanidad con Dios hoy en día? (Juan 3:3)

_____

_____

13. ¿Qué hizo Dios para proteger el árbol de la vida, después de que Adán y Eva comieron del árbol del conocimiento? (Génesis 3:24)

_____

_____

_____

Notas;

_____

_____

_____

Respuestas a la Lección 2
Adán & Eva

1. No comas del árbol del conocimiento de lo bueno y malo. Porque el día que comas de ella, positivamente morirás.

2. Se le abrieron los ojos, y se dieron cuenta de lo que era bueno y malo.

3.
V. 4 De ningún modo morirán.
V. 5 El mismo día que coman de él, se les abrirán los ojos y serán como Dios.

4. El árbol del conocimiento era una prueba de la obediencia del hombre y del reconocimiento de la soberanía de Dios. En el jardín de Edén, ellos podían comer de cualquier árbol excepto este.

5. La serpiente fue usado por Satanás para presentar la tentación.

6. No.

7. No.

8.
(1) Los ojos de Adán y Eva fueron abiertos para conocimiento de lo bueno y malo.

(2) Se dieron cuenta de que estaban desnudos.

9. El árbol de la vida.

10.

(1) Le dieron la espalda a Dios.

(2) Comer del árbol de la vida pudo haberles concedido vida eterna a la maldad de la humanidad, lo cual no habría dejado oportunidad de reconciliarnos con Dios.

11. Dios maldijo la Tierra.

12. Debemos arrepentirnos de nuestros pecados, entregarnos a Cristo para la salvación, y nacer de nuevo.

13. Dios echó al hombre de Edén y puso querubines y una hoja llameante de una espada que bloqueó el camino que lleva al árbol de la vida eterna.

Notas;

_____

_____

_____

_____

LECCIÓN 3

El diluvio

1. ¿Que hizo el Señor cuando él vio maldad en la tierra? (Génesis 6:6)

2. En Génesis 6:6, leemos que el señor lamenta haber creado a la humanidad. ¿Por qué? (Génesis 6:5)

(1)

(2)

3. ¿Qué decidió el Señor que iba a hacer con todos aquellos que no pensaban en otra cosa aparte de la maldad? (Génesis 6:7)

_____

_____

4. El Señor dijo que el destruiría a su creación dado al pecado, pero luego el recordó a Noé, ¿Qué sucedió después? (Génesis 6:8)

_____

_____

5. ¿Por qué Noé construyó un barco? (Génesis 6:5-7)

_____

_____

6. ¿De dónde vino el agua cuando Noé entró al arca? (Génesis 7:11)

(1)_____

_____

(2)_____

_____

7. ¿Cuántas personas honradas antes los ojos de Dios existieron antes de Noé empezara a construir el arca? (Génesis 6:8)

_____

8. ¿Cuántas personas entraron al arca? (Génesis 7:13 - 2 Pedro 2:5)

_____

9. ¿Cuántos de quienes entraron al arca fueron considerados honrados ante los ojos del Señor? (Génesis 6:8)

_____

10. ¿Llego el agua a cubrir toda la tierra? (Génesis 7:20)

_____

_____

_____

11. ¿Llego a sobrevivir el diluvio alguna persona o animal que quedó fuera del arca? (Génesis 7:21-23)

_____

12. ¿Por qué trajo Dios sobre todos el diluvio de agua excepto a quienes entraron al arca? (2 Pedro 2:5)

_____

_____

13. ¿Qué sucedió cuando los océanos alcanzaron una altura de 15 codos (aproximadamente 24 pies – 7.5 metros) sobre la cima de la montaña? (Génesis 7:21-23)

_____

_____

14. Ocasionalmente aparecen arcoíris en el cielo. ¿Qué significa el arcoíris? (Génesis 9:11-17)

_____

_____

_____

15. ¿Llegara Dios a inundar la tierra de nuevo?
(Génesis 9:11)

_____

Notas;

Respuestas a la Lección 3
El diluvio

1. Dios lamentó haber creado al hombre.

2.
(1) La maldad abundaba sobre la tierra.

(2) Todos los pensamientos e intenciones del corazón de las personas eran malvadas todo el día.

3. Dios decidió destruir la humanidad.

4. Dado a que Noé era un hombre justo, encontró gracia en los ojos del Señor.

5. Dios le dio un nuevo comienzo a través de Noé.

Las personas pueden caer tan bajo en sus pecados y en la impiedad hasta obligar a Dios a interrumpir la vida de la nación. El diluvio fue un acto de sentencia y al mismo tiempo, un acto de misericordia de parte de Dios. Las nuevas generaciones fueron libradas de tener que crecer en un ambiente depravado e impío.

La humanidad recibió un periodo de gracia mientras que la ira de Dios esperaba hasta que se concluyera la construcción del arca, 1 Pedro 3:20.

-Cuando se terminó el arca, solo existía una familia piadosa en la tierra. Noé personalmente fue un hombre justo, Génesis 1:9, pero también fue un predicador de la justicia, 2 Pedro 2:5, en oposición a la depravación y la maldad de ese tiempo.
Y debido a la justicia de Noé y la gracia de Dios, la humanidad todavía vive hoy.

6.
(1) Todos los manantiales de las extensas aguas profundas se reventaron.

(2) Se abrieron las compuertas del cielo.

7. Uno. Noé.

8. Ocho.

9. Uno. Noé.

10. Si.

11. No.

12. Dios trajo el diluvio sobre el mundo impío.

13. Murió toda carne que se movía sobre la tierra.

14. Cada vez que traiga nubes sobre la tierra, el arcoíris sin falta aparecerá en las nubes; Entonces recordaré sin falta el pacto que hice con ustedes y con todo tipo de seres vivos; Las aguas nunca

más se convertirán en un diluvio para destruir a todos los seres vivos.
15. No.

Notas;

LECCIÓN 4

Jesús Cristo es Señor
No una palabrota

Cuando deshonramos a Dios al jurar con su nombre...

1. ¿Qué dice Dios en Éxodos 20:7? Y ¿Qué hará el con aquellos que toman su nombre en vano?

(1)_____

_____

(2)_____

_____

¿Estás jurando en el nombre del Señor?
Como;
¡Oh por di*s!
¡JES*S!
¡OMG!
¡Por el amor de di*s!
¡JES*S CRISTO!
¡S*nta mi*rda!

¡M*ldita sea!
-Y así sucesivamente.

Echémosle un vistazo a la palabra vano, en Éxodos 20:7. Vano es de la palabra Hebrea; Shav´, y significa; En el sentido de desolación: maldad (como destructiva), literalmente **ruina**, inutilidad, en vano - falso (o falsamente), mentira, mintiendo, vano, vanidad.

Aquí vemos que si maldices en el nombre del Señor, habrás pecado y abras tomado su nombre en vano.
Cuando juras usando cualquier cosa que tenga relación al Señor, ¡te pones de pie frente a frente con el Dios Todopoderoso, diciéndole que él es nada! Que él es vano, un cero.
-También podemos ver de la palabra Hebrea vano, que igualmente significa mentir. Cuando menosprecias a Dios al hablar, estás mintiendo.

2. ¿Cuál es el resultado final para todos los mentirosos? (Revelación 21:8)

_____

_____

3. ¿Alguna vez has tomado en vano el nombre del Señor?

_____

4. También puedes jurar con muchos otros nombres a parte del Señor, ¿crees que esto le parece bien para el Señor? (Mateo 5:34-37)

5. ¿Por qué jura la gente? (Lucas 6:45)

6. ¿Qué nos dice Santiago 1:26?

7. ¿Qué debe y que no debe salir de tu boca?
(Efesios 4:29)

(1)_____

_____

(2)_____

_____

8. ¿Puede perdonarte Dios si te arrepientes de jurar en vano y maldecir en su nombre?

_____

9. ¿Qué dice Dios en Mateo 12:36?

_____

_____

_____

_____

_____

Respuestas a la Lección 4
Jesús Cristo es Señor -
No una palabrota

1.
(1) No uses de manera indigna el nombre de Dios.

(2) El Señor no dejará sin castigo al que use su nombre de manera indigna.

2. Lago de fuego.

3. En caso de ser así, arrepiéntase.

4. El Señor dice, Pero yo les digo, nunca juren en lo absoluto.

5. Porque su boca habla de lo que abunde en su corazón.

6. Si alguien entre ustedes cree ser religioso y no frena su lengua pero engaña a su propio corazón, la religión de este es inútil.

7.
(1) Que no salgan de tu boca palabras corrompidas.

(2) Que todo lo que diga sirva para edificar a otro según sea necesario.

8. Si.

9. Les digo que en el Día del Juicio la gente tendrá que dar cuenta de cualquier cosa inútil que diga.

Numerosas religiones usan el nombre Jesús. Cualquiera que no lo use de acuerdo a las escrituras rendirá cuenta con el Señor, nuestro Dios, quien se hará responsable por el mal uso de su nombre.

- ¡Cualquier abuso del nombre del Señor debe llegar a un fin absoluto en nuestras vidas!

Notas;

_____

_____

_____

_____

_____

_____

_____

LECCIÓN 5

El dio su vida

Jesús Cristo dio su vida; ¡Nadie la pudo tomar!

1. ¿Qué hizo Jesús por todos los pecadores en el mundo?
(Isaías 53:4-5)

V. 4 _____

_____

V. 5 _____

_____

2. ¿Qué paso después de que Jesús fue azotado?
(Mateo 27:26)

_____

_____

_____

3. ¿Quién tomó la vida de Jesús? (Mateo 27:50)

_____

_____

4. ¿Qué está escrito en Juan 19:30?

_____

5. ¿Quién es el cordero de Dios? Y ¿Qué fue lo que él hizo? (Juan 1:29)

1_____

_____

2_____

_____

6. ¿Qué cargaba Jesús sobre el madero? Y ¿Por qué lo hizo? (1 Pedro 2:24)

(1)_____

_____

(2)_____

_____

7. ¿Por qué fue revelado el Hijo de Dios? (1 Juan 3:8)

_____

_____

8. ¿Envió Dios a su Hijo para que el mundo lo juzgara? (Juan 3:17)

(1)_____

(2)_____

_____

9. ¿Quién fue castigado para que pudiéramos ser perdonado? (Isaías 53:4-5)

_____

10. ¿Por qué fue necesario que Jesús viniera? (2 Corintios 5:21)

_____

_____

11. ¿Con que fue coronado Jesús? (Hebreos 2:9)

_____

_____

12. ¿Quién fue herido para que pudiéramos ser sanados? (Isaías 53:10)

_____

13. ¿Qué se llevo a cabo para que nos llegará la bendición de Abrahán? (Gálatas 3:13-14)

_____

_____

14. ¿Qué hizo Jesús para compartir su gloria? (Hebreos 2:9)

_____

_____

15. ¿Cómo nos ganamos la aceptación de Yahvé Dios, el Padre? (Mateo 27:46-51)

_____

Respuestas a la Lección 5
El dio su vida

1.
(v4) Ciertamente llevó él nuestras enfermedades, y sufrió nuestros dolores.

(v5) Más el fue herido por sus rebeliones; Molido por nuestros pecados.

2. Lo entregaron a él para ser crucificado.

3. Jesús Cristo dio su vida; ¡Nadie la pudo tomar!

4. ¡Se ha cumplido!

5.
(1) Jesús Cristo.

(2) El Cordero de Dios, quien quita el pecado del mundo.

6.
(1) El mismo cargo nuestros pecados en su propio cuerpo sobre el madero.

(2) Debido a sus heridas, ustedes fueron sanados.

7. Para deshacer las obras del Diablo.

8.
(1) No.

(2) Para salvarlo.

9. Jesús Cristo.

10. Para que lleguemos a ser justicia ante Dios.

11. Él fue coronado con gloria y honor.

12. Jesús Cristo.

13. Cristo nos rescato de la maldición de la Ley llegando a ser una maldición en lugar de nosotros.

14. Sufrió la muerte.

15. Jesús Cristo dio su vida por nosotros.

Notas;

_____

_____

_____

_____

LECCIÓN 6

La luz

1. ¿En el nombre de quien debemos orar? (Colosenses 3:17)

2. ¿Qué sucede cuando te arrepientes y crees en Jesús como el Señor y Salvador? (Juan 3:18)

3. ¿Qué le pasa a los que no son creyentes? (Juan 3:18)

4. ¿Que hizo Jesús en Colosenses 2:15?

_____

_____

_____

5. Si tu vida está lleno de pecados, ¿puedes ser digno para presentarte ante el Dios Todopoderoso? (Juan 6:37)

_____

_____

_____

6. ¿Qué debemos tener para ser de agrado a Dios? (Hebreos 11:6)

_____

_____

7. ¿Cuál fue el propósito de que Jesús muriera en la cruz? (1 Pedro 3:18)

_____

8. ¿Con que propósito vino Jesús a la tierra?
(1 Timoteo 1:15)

9. ¿Podemos venir a Jesús siendo como somos? Y ¿Me aceptará Jesús tal como soy? (Juan 6:37)

10. ¿Cómo podemos saber si tenemos vida eterna?
(1 Juan 5:12)

11. Cuando recibimos a Jesús, ¿Qué nos da Dios a través de él? (Romanos 6:23)

_____

_____

12. Si hablamos sobre Jesús a otras personas, ¿Qué hará él por nosotros? (Mateo 10:32)

_____

_____

13. ¿Qué pasa si negamos a Jesús por temor al hombre? (Mateo 10:33)

_____

_____

14. ¿Eres obediente al mandamiento de la misión? (Marcos 16:15)

_____

_____

_____

Respuestas a la Lección 6
La luz

1. Haz todas las cosas en el nombre de Jesús.

2. Pasas de la muerte a la vida.

3. Maldición eterna.

4. El desarmó el poder de Satanás o de los demonios.

5. Todos aquellos que vengan a mí (Jesús), yo jamás lo rechazaré.

6. Además, sin fe es imposible agradarle a Dios.

7.
"Porque Cristo murió una vez y para siempre por los pecados, un justo por injustos, a fin de llevarlos a ustedes hacia Dios. Lo mataron en la carne, pero recibió vida en el espíritu."
(1 Pedro 3:18)

8. Cristo Jesús vino al mundo para salvar a pecadores.

9. Todos aquellos que vengan a mí (Jesús), yo jamás lo rechazaré.

10. El que tiene al Hijo tiene esa vida; el que no tiene al Hijo de Dios no tiene esa vida.

11. El regalo que Dios da es la vida eterna por Cristo Jesús, nuestro Señor.

12. Si alguien se declara a favor de Jesús delante de la gente, el también declarará a tu favor delante de su Padre Yahvé.

13. Si alguien rechaza a Jesús delante de la gente, el también te rechazaré delante de su Padre Yahvé.

14. ?

Notas;

_____

_____

_____

_____

_____

_____

_____

LECCIÓN 7

La Palabra

Todo tiene que estar arraigado a la Palabra escrita de Dios. Si no está relacionado con la Biblia, son palabras espirituales de Satanás y sus demonios.
-El misterio de Dios tiene todas las raíces en la Palabra escrita, la Biblia.

La Palabra escrita de Dios debe ser predicado por todo el mundo, para la libertad del mundo en Jesús Cristo.

1. ¿Qué pasará cando empieces a conocer la palabra de Dios? (Juan 8:32)

_____

_____

2. ¿Qué es la palabra de Dios? (Juan 1:1)

_____

_____

3. ¿Qué es la Santa Biblia?, y ¿Cómo creó Dios el contenido de ella? (2 Timoteo 3:16)

(1)_____

_____

(2)_____

_____

4. ¿Quién escribió la Biblia? (2 Timoteo 3:16-17)

_____

_____

5. ¿Puede la humanidad vivir solamente del alimento físico? (Lucas 4:4)

_____

_____

6. ¿Llegará Dios a cambiar en algún momento la palabra escrita en la Biblia? (Hebreos 13:8)

_____

7. ¿Qué clase de personas quieren cambiar y modernizar la Biblia?

8. El Señor nos comandó a todos una misión en Marcos 16:15. Muchos proclaman que ese no es su 'llamado.' ¿Qué les sucedió a ellos? (Hebreos 13:9)

9. ¿Que nos enseña Santiago 1:22?

1 _____

2 _____

10. ¿Y si no hacemos lo que dice la palabra? (Santiago 1:22)

_____

_____

11. Si no hacemos lo que Jesús nos manda, ¿podemos decir que realmente lo conocemos? (1 Juan 2:3)

_____

12. ¿Qué te enseña Proverbios 4:20?

_____

_____

13. ¿Que debes inclinar según Proverbios 4:20?

_____

_____

14. ¿Qué nos enseña Proverbios 4:21?

_____

_____

15. ¿Qué deberás hacer con la palabra de Dios?
(Proverbios 4:22)

_____

_____

_____

Notas;

_____

_____

_____

_____

_____

_____

_____

_____

Respuestas a la Lección 7
La Palabra

1. Conocerán la verdad, y la verdad los hará libres.

2. Dios mismo.

3.
(1) Toda la Escritura es útil para enseñar, para censurar, para rectificar las cosas y para educar de acuerdo con lo que está bien.

(2) Toda la Escritura está inspirada por Dios.

4. Hombres escribieron lo que Dios les proveía bajo inspiración divina.

5. No. No solo de pan debe vivir el hombre, pero de cada palabra de Dios.

6. Dios nunca cambiará nada en las escrituras. ¡Él es el mismo hoy y mañana como él lo fue ayer!

7. Mentirosos y falsos profetas.

8. Aquel que proclame ser creyente, habrá creído en los estafadores, mentirosos, y los pensamientos mentirosos de Satanás.

9.
(1) Que seamos hacedores de la palabra.
(2) No limitarnos a oírla, engañándonos a nosotros mismos.

10. Nos engañamos a nosotros mismos.

11. No.

12. Presta atención a lo que te digo; escucha cuidadosamente mis palabras, dice el Señor.

Con frecuencia leemos la palabra de Dios con nuestra atención dividida. Nuestras mentes están preocupadas con este mundo. Esto hace que el mundo de Dios sea infructífero.
Debemos apartarnos de las cosas del mundo, y darle toda nuestra atención a Dios.

13. Tu oído.

Un oído inclinado implica una actitud de hambre espiritual y humildad. La terquedad y la desconfianza limitan el impacto de la palabra de Dios en nuestras vidas.
Jesús nos advirtió que nos cuidáramos de tradiciones humanas que le restan significado a los mandamientos de Dios. Las ideas religiosas tradicionales, prejuicios, y preconcepciones impiden la palabra de Dios en todas las cosas. (Más información en Colosenses 2:8)
-Por lo tanto, debemos siempre estar abiertos y hambrientos a la palabra de Dios.

14. No las pierdas de vista.

Es esencial mantener ambos ojos completamente abiertos y fijados en las promesas de Dios. Un cristiano con dudas no debe esperar en recibir nada del Señor. (Santiago 1:7-8)
Concéntrate en la palabra de Dios con una fe inquebrantable.

15. Dale tiempo a la Palabra de Dios, dado a que es vida para aquellos que la encuentran, y tiene el poder de cambiar las vidas de nuestras almas y la salud de nuestra carne.

Notas;

_____

_____

_____

_____

_____

_____

_____

LECCIÓN 8

Pecado

Bajo el Pecado

Estar bajo el pecado significa estar debajo del dominio del pecado - ser dominado por el pecado. Pero también significa sentir remordimiento ante Dios - estar debajo del juicio de Dios. (Romanos 3:9)

¿Por qué no tolera Dios el pecado?

Respuesta; Porque es una corrupción de su propio carácter.

1. ¿De dónde proviene el pecado? (1 Juan 3:8)

_____

2. ¿Qué es el pecado? (1 Juan 3:4)

_____

_____

_____

3. **¿Cómo se describe al pecado?**

(1) Santiago 1:15

_____

_____

(2) Deuteronomio 9:7

_____

_____

(3) Efesios 5:11

_____

_____

(4) Isaías 59:3

_____

_____

(5) Hebreos 3:13

_____

(6) Eclesiastés 7:20

(7) Proverbios 14:34

4. ¿Existen personas que no tienen el pecado en sus vidas? (Romanos 3:23)

5. ¿Cuántos han pecado? (Romanos 3:23)

6. ¿A que lleva el pecado?

(1) Romanos 6:21

_____

(2) Romanos 6:23

_____

(3) Santiago 1:15

_____

_____

(4) 1 Corintios 6:9-10

_____

_____

(5) Génesis 3:17-18

_____

_____

_____

7. ¿Por qué todo el mundo nace del pecado? (Génesis 3:17)

_____

_____

_____

8. ¿Eres una buena persona? (Lucas 18:19)

_____

_____

9. Escribe trece cosas malvadas que salen del corazón humano. (Marcos 7:21-22)

_____

_____

_____

_____

_____

10. Si decimos que no tenemos pecados, ¿Qué nos hacemos a nosotros mismos? (1 Juan 1:8)

_____

_____

_____

11. Si decimos que no tenemos pecados, ¿Qué le estamos haciendo a Dios? (1 Juan 1:10)

_____

_____

12. ¿Cuál es el resultado de aquellos que no se arrepienten de sus pecados? (Mateo 25:41 - Revelación 20:12-15)

_____

_____

13. Si confesamos nuestros pecados, ¿Qué dos cosas hará Dios por nosotros? (1 Juan 1:9)

(1)_____

_____

(2)_____

_____

14. ¿Qué dice Dios sobre el aborto? (Romanos 13:9)

_____

_____

15. ¿Qué te pasará si tu nombre no está escrito en el libro de vida? (Revelación 20:15)

_____

_____

Notas;

_____

_____

_____

_____

_____

Respuestas a la Lección 8
Pecado

1. Satanás.

2. Una ofensa.

3;
(1) Un fruto de codicia.
(2) Resistencia a Dios.
(3) Las obras de la oscuridad.
(4) Contagioso.
(5) Engañoso.
(6) Ningún hombre anda sin él.
(7) La desgracia de la gente.

4. No.

5. Toda la humanidad.

6;
(1) Vergüenza.
(2) Muerte.
(3) Cuando se hace fértil, da luz a la muerte.
(4) No heredan el Reino de Dios.
(5) La tierra está maldito por su culpa.

7. Adán y Eva le dieron la espalda a Dios cuando desobedecieron su mandamiento de no comer. Dios dijo; no coman; Si lo hacen, positivamente morirán. Nosotros morimos espiritualmente y físicamente.

8. Nadie es bueno, pero Dios.

9. Pensamientos malvados, adulterio, fornicación, asesinato, hurto, codicia, actos de maldad, engaño, conducta descarada, envidia, blasfemia, arrogancia, insensatez.

10. Si decimos que no tenemos pecado nos engañamos a nosotros mismos, y la verdad no está en nosotros.

11. Si decimos que no hemos pecado, decimos que Dios es un mentiroso.

12. Lago de fuego.

13.
(1) Dios nos perdona.

(2) Nos limpia del pecado.

14. No debes asesinar.

15. Lago de fuego.

Notas;

LECCIÓN 9

Arrepentimiento

1. ¿Quién es Santo?, y ¿Quién es pecador? (Isaías 59:1-2)

(1)_____

_____

(2)_____

_____

2. Sin arrepentimiento del pecado, los hombres malvados no pueden tener amistad con un Dios Santo. ¿En qué estamos muertos? (Efesios 2:1)

_____

_____

3. ¿Qué predicó Pablo en Hechos 20:21?

_____

_____

4. ¿Qué le dijo Jesús a sus oyentes en Lucas 13:3?

_____

_____

5. Si creer es todo lo que hace falta para la salvación, entonces la solución lógica sería que uno nunca se arrepintiera. Pero la Biblia nos dice que un creyente falso 'cree' y aun así no es salvo. ¿Qué nos dice Lucas 8:13 sobre esto?

_____

_____

_____

6. ¿Qué nos dice 1 Juan 1:6 sobre aquellos que 'creen', pero que no se han arrepentido y han renacido?

_____

_____

_____

7. ¿Existe alguna excepción para los pecados sin arrepentimiento? ¿Qué dice Dios sobre esto? (Hechos 17:30)

_____

_____

8. ¿Qué mando Jesús que se predicara a todas las naciones? (Lucas 24:47)

_____

_____

9. ¿Cambiara Jesús su declaración en Lucas 24:47 y Juan 3:3? (Hebreos 13:8)

_____

_____

10. ¿Es el arrepentimiento necesario para la salvación? O ¿acaso podemos 'solo' creer en Jesús y hacerles bien a otras personas?

(1)_____

_____

(2)_____

_____

_____

11. ¿Por qué vino Jesús? (Lucas 5:32)

_____

_____

12. Jesús no conoce ninguna salvación sin arrepentimiento hacia el Reino de Dios. ¿Qué nos dice Mateo 18:3 sobre esto?

_____

_____

_____

_____

13. ¿Qué dice Jesús en Mateo 4:19?

_____

14. Es solo un llamado de oración realista para uno no salvo. ¿Qué es? (Lucas 8:13)

15. ¿Qué le pasa a aquellos que no están dispuestos a arrepentirse? (Lucas 13:3. 5)

16. Este capítulo continuará en; Salvación - Rescatado.

Notas;

Respuestas a la Lección 9
Arrepentimiento

1.
(1) Dios es Santo.

(2) EL hombre es pecador.

2. Estamos muertos por nuestras faltas y nuestros pecados.

El hombre está muerto en sentido espiritual y para con Dios. (Romanos 3:23)

3. Arrepentimiento.

4. Que se arrepintieran.

5. Las que cayeron sobre roca son los que, cuando oyen la palabra, la reciben con alegría; pero no tienen raíces profundas. Creen por un tiempo, pero cuando llega una época de pruebas se apartan.

Un falso creyente permanece siendo un obrador de la impiedad cuando su arrepentimiento y renacimiento no se hace apropiadamente.

6. Nosotros mentimos.

7. Dios manda a hombres de todas partes que se arrepientan.

8. Arrepentimiento.

9. No. Jesús Cristo es el mismo ayer, hoy, y para siempre.

10.
(1) Si. El arrepentimiento es necesario para la salvación.

(2) El creer y hacer el bien no es suficiente. Toda la humanidad debe arrepentirse y nacer de nuevo para ser salvo.
(Hechos 17:30 - Juan 3:3)

11. Jesús vino para decirle a los pecadores que se arrepientan.

12.
El niño es un modelo a seguir el proceso de 'hacerse inferior' - humildad el cual debe determinar tanto el comienzo como el mantenerse siguiendo a Jesús. Son los 'inferiores' que son elegidos para el Reino de Dios. La característica que hace único a los niños es la disposición que tiene para aceptar. Es típico en el comportamiento del niño el querer aceptar el amor y los regalos de sus padres sin reflexionar si lo merece o no.

13. Sígueme, y los haré pescadores de hombres.

Arrepentirse es adentrarse al camino que lleva a la salvación, el cual Dios conduce mediante Jesús. 'Sígueme'.

14. Dios, se misericordioso conmigo, con mis pecados.

15. El perecerá.

Notas;

LECCIÓN 10

Salvación - Rescatado
Parte 1

1. ¿Por qué necesita el hombre un Salvador?

Tu respuesta;_____

_____

_____

_____

_____

Lugar; Planeta tierra
El maravilloso organismo viviente creado para darnos todo lo que necesitamos para vivir. Tenemos aire fresco, agua limpia, y la naturaleza que nos rodea en el cual uno puede sentarse y observarla para siempre y sin cansarse de ella.
Todo lo que creó Dios en la tierra está vivo. Todas las cosas fueron creadas con belleza para nosotros.

En el planeta tierra, vemos que existe un hambre insaciable por la injusticia. Casi no hay palabras que puedan usarse para describir el pecado, la maldad, la contaminación, y las actitudes que existen en las personas. Diariamente se comenten actos bestiales en contra de las sociedades más pequeñas.

Las personas son compradas y vendidas. La forma en que son tratados los niños no tiene ni palabras.
Cometemos adulterio todo el día, viajamos a la luna, estamos viajando a Marte. Somos tan orgullosos y egocéntricos que es raro que veamos algo más allá de nuestras acciones, y la de otros con una 'actitud' similar.
-Creer en Dios se hace difícil cuando constantemente te pones en primer lugar.

¿Por qué tantos pecados? ¿Por qué tanta maldad?
Frecuentemente me preguntan personas que no conocen a Dios; ¿Por que existe tanta maldad en el mundo? La respuesta a eso es; Solo existe una razón por la que el mundo es como es, esa es la enorme consecuencia del Pecado, lo cual significa que; la humanidad está separado del Dios Todopoderoso.

2. ¿Qué es el pecado? (1 Juan 3:4)

_____

_____

_____

3. Que dice la Biblia en;

(1) Romanos 3:23 _____

_____

_____

(2) Romanos 5:19 _____

_____

_____

4. ¿Qué nos dice Romanos 5:17 sobre el pecado?

_____

_____

5. ¿Qué es lo que significa lo que dice Romanos 6:23?

_____

_____

6. ¿Qué significa salvación? (Romanos 5:9)

_____

Arrepentimiento;
Usado especialmente por aquellos que, teniendo conciencia de sus pecados y manifestando señales de pesar, intentan; En obtener el perdón de Dios.

Es natural el querer pedir perdón cuando has ofendido a alguien. No solo deberíamos pedirle perdón al Señor por ofenderlo, pero también debes pedirle perdón por los pecados que has cometido. -Todo comienza con el arrepentimiento de una vida llena de pecados sin Jesús Cristo como Señor, y arrepentirnos ante él.

7. ¿Qué dice Dios a la humanidad en Hechos 17:30?

_____

_____

8. ¿Qué hizo Jesús en Mateo 4:17?

_____

_____

9. ¿Qué dice la Biblia en Hebreos 13:8?

_____

_____

10. En Marcos 6:7, Jesús envió a sus discípulos de dos en dos. ¿Qué era lo que predicaban? (Marcos 6:12)

_____

_____

11. ¿Que predicó Pablo en Hechos 26:20?

_____

_____

12. ¿Cuál fue la primera exhortación en el primer sermón cristiano? (Hechos 2:38)

_____

Escucha lo que predicaba Pedro;
1 Predicó sobre la cruz. (Hechos 2:23)
2 Jesús resucitó. (Versículo 24 y 32)
3 Jesús es el Señor y Salvador. (Versículo 36)

-Resultado; Sintieron que un dolor les atravesaba el corazón. (Versículo 37)

Aquí vemos la predicación que llevo a quienes habían llegado a convencerse de que eran pecadores. Ellos pudieron simplemente haber elegido en darse la vuelta y regresarse a sus hogares, o quedarse con sus corazones orgullosos y endurecidos y burlarse de los discípulos. Pero no hicieron nada de esto. Ellos eligieron gritar; ¿Que debemos hacer? (Versículo 37)

Ellos sabían que eran pecadores a los ojos del Señor. ¿Por qué? Porque el Espíritu Santo convencerá a las personas sobre sus pecados cuando creen, viven, y predican el mensaje de Cristo, quien dio su vida, murió, y fue resucitado por Dios.
-La muchedumbre a quien Pedro le predicaba eligió preguntarle a los discípulos; ¿Que debemos hacer ahora? Sucesivamente vino la respuesta; ¡Arrepiéntete! (Versículo 38) (Ref; Hechos 17:30)

¡Quien no pueda arrepentirse no puede ser restaurado!
(Lucas 13:3)

Arrepentirse significa;
-Cambiar tu mentalidad. (Pensar de manera diferente)
-Sentir remordimiento por los errores que ha cometido. (Jonás 3:9)
-Haber ofendido a alguien. En este caso a Dios. (Lucas 17:3)

Respuestas a la Lección 10
Salvación - Rescatado
Parte 1

2. El pecado es una ofensa.

Leamos 1 Juan 3:4; "Todo el que practica el pecado está violando la ley; el pecado es violación de la ley".

El pecado es una ofensa; Es la desobediencia a la voluntad de Dios y una ofensa a su ley. Pero el pecado también es incrédulo (desobediente): una violación de su persona y una burla de su carácter.

Existe un elemento de egoísmo en cada pecado, pero lo que va en contra de Dios es un aspecto más importante sobre el pecado que lo que glorifica nuestra carne. El pecado no es la falta de bondad. El pecado es algo active, malvado, y destructivo.

-La palabra más fuerte en Hebreo para el pecado es; Pesha. Pesha significa volviéndose contra Dios en abierta rebelión.

3.
(1) Porque todos han pecado y no alcanzan la gloria de Dios.

La Biblia dice que toda persona ha pecado, y el pecado nos separa de Dios.

(2) Porque, tal como muchos llegaron a ser pecadores por la desobediencia de un solo hombre, del mismo modo muchos llegaron a ser justos por la obediencia de una sola persona.

Por la desobediencia de Adán a Dios, nos hicimos pecadores. Esto es lo que se llama el 'pecado heredado'.

4. Porque, si por la ofensa de un solo hombre la muerte reinó por medio de él.

Las personas que desean vivir bajo el pecado no tienen oportunidad para relacionarse con el Dios vivo. Solo existe un camino para el pecador.

5. El salario que el pecado paga es la muerte.

Muerte; La Vida Eterna en perdición sin Dios.

6. Salvación significa; Salvación (rescatado) de la ira de Dios.

"Y, ahora que hemos sido declarados justos por su sangre, con mucha más razón seremos salvados de la ira por medio de él". (Romanos 5:9)

El principio de la salvación se caracteriza por el punto de vista fundamental de que el enemigo principal del hombre es el pecado.

Arrepentimiento;

7. Que nos arrepintamos.

8. El predicó el arrepentimiento.

9. Jesús Cristo es el mismo ayer, hoy y para siempre.

10. "Entonces se pusieron en camino y empezaron a predicar que la gente tenía que arrepentirse".

11. Arrepentimiento.

12. Arrepentimiento.

Notas;

_____

_____

_____

_____

_____

_____

LECCIÓN 11

Salvación - Rescatado
Parte 2

1. ¿Quién es el Agente Principal de la salvación?
(Hebreos 2:10)

_____

2. ¿Qué es lo que trae Cristo con él?
(Isaías 62:11 - Lucas 19:9)

_____

3. ¿Cómo se describe la salvación?

(1) Hebreos 2:3_____

(2) Judas 3_____

(3) 1 Pedro 1:9_____

(4) Hebreos 5:9_____

(5) Hebreos 7:25_____

(6) Romanos 1:16 _____

_____

(7) 2 Timoteo 3:15 _____

_____

(8) Hebreos 6:9-10 _____

_____

4. ¿Qué dice Jesús en Juan 3:5?

_____

_____

_____

Si uno quiere aceptar a Jesús Cristo y hacerse un hijo de Dios, no lo podemos hacer como nos convenga. La Palabra de Dios en la Biblia tiene sus condiciones sobre cómo debemos recibirlo a él.

No eres salvo con solo decir, "Si, yo creo en Jesús". Los demonios de aquel tiempo creían en él, al igual como hoy creen en él.

5. ¿Qué gritaron los demonios dentro del hombre a Jesús? (Marcos 5:7)

_____

_____

_____

Todos pueden decir con su boca, 'Si. Yo creo en Jesús' sin añadir nada más a lo que acaban de decir. Debemos venir a Jesús Cristo como dice la palabra de Dios. Si lo hacemos, entonces sabremos que seremos salvados.

6. ¿Qué nos dice la Biblia sobre lo que dijo Jesús en Juan 7:38?

_____

_____

_____

7. ¿Cómo podemos renacer?

Jesús debe convertirse en el Señor de tu vida
¿Qué significa esto? Eso significa que: Tú, quien anteriormente obedecía su propia voluntad y los caminos del diablo, debes

ahora obedecer someterte a Jesús Cristo y obedecerlo en todas las cosas.

Arrepiéntete, inclínate a Cristo, cree en que dio su vida en Calvario por la humanidad, cree en que Jesús se levantó de la muerte y que venció a la muerte por todos nosotros. Cree en que Cristo recuperó al mundo del Diablo con su propia vida y sangre.
Cristo derrotó completamente al Diablo, y el tiene todo el poder en el cielo y sobre la tierra, cree en esto.
Debes creer en tu corazón que Dios lo resucitó de la muerte.
Debes creer que Jesús Cristo es el hijo vivo de Dios y que él dio su vida para que fueras sanado en su preciosa y Santa sangre.
-La sangre que el dio en donde fue fijado a una cruz y dio su vida por ti.

Cuando dejas de obedecer tu propia voluntad, dejas de ser tu propio amo. Cuando dejas de obedecer la voz del diablo, el deja de tener dominio sobre ti.
Debes empezar a obedecer la voz del hijo de Dios. La voluntad y la voz de Jesús Cristo es la palabra de Dios, la Biblia. Cuando empieces a obedecer la palabra de Dios, Jesús Cristo se volverá el Señor de tu vida.

La Biblia dice;
Romanos 10:9; Porque, si con la boca declaras públicamente que Jesús es el Señor y con el Corazón demuestras fe en que Dios lo levantó de entre los muertos, serás salvado.

Romanos 10:10; Porque con el corazón se demuestra fe que lleva a la justicia, pero con la boca se hace la declaración pública que lleva la salvación.
-Entonces has recibido a Jesús Cristo de la forma que dice la Biblia que debes recibirlo a él.

Cualquiera que se ha reconciliado con Dios en Cristo, y que ha sido declarado justo para Dios con su fe en Cristo, ha renacido.
-**El renacer significa; nacer de nuevo.**

8. ¿Qué dice Juan 1:12?

_____

_____

9. ¿Qué dice Jesús en Revelación 1:18?

_____

_____

10. ¿Qué dijo Jesús en Mateo 28:18?

_____

_____

_____

11. ¿Qué dice Isaías 25:8 sobre Jesús?

_____

_____

12. ¿Qué dice la Biblia en 1 Juan 1:7?

_____

_____

_____

Notas;

_____

_____

_____

_____

_____

_____

Respuestas a la Lección 11
Salvación - Rescatado
Parte 2

1. Cristo.

2. Salvación.

3.
(1) Grandiosa.
(2) Común.
(3) El fin de la fe.
(4) Para siempre.
(5) Perfecto.
(6) El Evangelio, el poder de Dios para la salvación.
(7) Aprobado por las escrituras.
(8) Evidencia de las obras de los creyentes.

4. "De veras te aseguro que, si uno no nace del agua y del espíritu, no puede entrar en el Reino de Dios".

5. "¿Qué tengo que ver contigo, Jesús, Hijo del Dios altísimo? Júrame por Dios que no me atormentarás".

6. "Si alguien pone su fe en mi, de lo más profundo de su ser saldrán ríos de agua viva".

Debemos creer en Jesús Cristo como dice la palabra de Dios,

entonces la vida de Dios, los ríos de gua viva, estará dentro y saldrá de nosotros.

8. Ahora bien, a todos los que lo recibieron les dio el derecho de llegar a ser hijos de Dio, porque demostraban fe en su nombre.

9. No tengas miedo. Yo soy el que vive. Estuve muerto, pero ahora vivo para siempre jamás. Amén. Y tengo las llaves de la muerte y de la Tumba.

10. "Se me ha dado toda la autoridad en el cielo y en la tierra".

11. El acabará con la muerte para siempre.

12. Camina constantemente a la luz - Sin compromiso con el pecado de ninguna forma.

Notas;

_____

_____

_____

_____

_____

LECCIÓN 12

Ve - Sus últimas palabras, nuestra primera prioridad

1. ¿Qué mensaje debemos darle a un mundo perdido? Y ¿Cómo debemos hacerlo? (Marcos 16:15-18)

(1)_____

_____

(2)_____

_____

2. ¿Qué pasó en Marcos 16:19?

_____

_____

_____

_____

3. Justo antes de que Jesús se fuera, él dio un mandamiento a sus discípulos, ¿Cuál era? (Marcos 16:15)

_____

_____

4. ¿Eres un discípulo obediente como lo eran aquellos discípulos? (Marcos 16:20)

_____

_____

5. ¿Cuál fue la última palabra que pronunció Jesús antes de que cediera su espíritu? (Lucas 23:46)

_____

_____

Notas;

_____

_____

_____

6. Leamos Proverbios 11:2;

"Cuando llega la arrogancia, llega también la deshonra, pero la sabiduría está con los modestos." Toma nota; La palabra vergüenza significa confusión.

¿Qué le pasará a un creyente que use su orgullo en contra de las escrituras?

_____

_____

_____

_____

7. ¿Qué dice el Señor a los creyentes que no están dispuestos a obedecer la gran comisión? (Lucas 6:46)

_____

_____

8. ¿A quién le dio Jesús el mandamiento en Marcos 16:15? ¿Fue esto un mandamiento para el mundo, o sus discípulos?

_____

_____

_____

9. ¿Qué eligió hacer Marta? Y ¿Qué eligió hacer María en Lucas 10:38-42?

Marta_____

_____

María_____

_____

10. ¿Estás eligiendo cosas espirituales en lugar de las cosas de la carne cada día?

_____

_____

11. ¿Qué dice la palabra sobre la cruz?
(1 Corintios 1:17-31)

_____

_____

12. ¿A quién debes predicarle el Evangelio?
(Marcos 16:15)

_____

_____

_____

13. ¿Cuál es la clave para el poder de Dios?
(1 Corintios 2:1-4)

_____

_____

14. ¿Hay otro camino que lleva al poder además de la palabra sobre la cruz? (1 Corintios 2:1-4)

_____

_____

15. ¿Qué necesitamos para ser un testigo en el poder del Espíritu Santo?

_____

_____

16. Bautismo en el poder del Espíritu Santo;

Hechos 1:4-5; Mientras estaba reunido con ellos, les ordenó: 'No se vayan de Jerusalén. Sigan esperando lo que el Padre ha prometido, aquello de lo que les he hablado.
Porque Juan bautizó con agua, pero ustedes serán bautizados con espíritu santo dentro de pocos días'.
Por lo tanto, Jesús dijo en el versículo 8; Recibirás poder (Griego; dynamis = poder en movimiento, energía sobrenatural) cuando el espíritu santo venga sobre ustedes. Y serán mis testigos (Griego; martyrs - uno que presenta evidencia sólida de que lo que dice es cierto) en Jerusalén, en toda Judea y Samaria, y hasta la parte más lejana de la tierra.
-Si ellos iban a ser mensajeros, ellos debían tener el poder dentro de ellos que confirmara su mensaje. Jesús sabía que sin el poder del Espíritu Santo, ellos no podrían proclamar el mensaje. Si no, solo serían palabras teóricas vacías. Por lo tanto, el comandó a sus discípulos a quedarse en Jerusalén y esperar que el poder les llegara.

Ellos esperaron - y el poder vino
"De repente se oyó un ruido desde el cielo, como el de una fuerte ráfaga de viento, y llenó toda la casa adonde estaban sentados. Y vieron algo similar a lenguas de fuego que se fueron repartiendo y posando, uno sobre cada uno de ellos. Todos se llenaron de espíritu santo y comenzaron a hablar en diferentes idiomas, así como el espíritu los capacitaba para hablar".
(Hechos 2:2-4)

Todos son llenados con el mismo poder que resucitó a Jesús de a muerte, el mismo poder que creó el universo, el poder de Dios.

Ellos comenzaron a hablar en diferentes lenguas (otros idiomas), así como el espíritu los capacitaba para hablar. El idioma de la lengua es el lenguaje del Espíritu Santo. El Espíritu Santo no tiene cuerpo terrenal, ni lengua con el que pueda hacer sonido. El Espíritu Santo se expresaba a través de las cuerdas vocales de las lenguas y bocas de los discípulos, y la Biblia dice en 1 Corintios 14:2, 4. 14. Porque el que habla en otra lengua no les habla a los hombres, sino a Dios, pues nadie lo entiende aunque por el espíritu dice secretos sagrados.

1 Corintios 14:4: El que habla en otra lengua se edifica a sí mismo.
1 Corintios 14:14: Porque si oro en otra lengua, es mi don del espíritu el que ora, pero mi mente no produce nada.

17. ¿Estás bautizado en el Espíritu Santo?

_____

18. ¿Has renacido?

_____

_____

_____

19. ¿Qué caracteriza en que vives en el nuevo nacimiento? (Juan 14:15)

_____

_____

20. ¿Pones en práctica lo que te enseña Gálatas 2:20? ¿O no te lo tomas en serio?

_____

_____

_____

Notas;

_____

_____

_____

_____

_____

Respuestas a la Lección 12
Ve – Sus últimas palabras, nuestra primera prioridad

1.
(1) El Evangelio de Jesús Cristo.

(2) Sanaba a los enfermos. Expulsaba a los demonios.

2. El trabajo de Jesús había terminado en la tierra. El regresó a su Padre en el cielo.

3. Sal al mundo y predica el Evangelio.

4. Si lo eres, entonces tendrás la urgencia de hacer lo que manda Jesús en Marcos 16:15.

5. "Padre, en tus manos encomiendo mi espíritu".

Las maravillosas obras que destruyeron para siempre las obras demoniacas de Satanás y sus demonios fueron concluidas y cumplidas.

6. La palabra vergüenza significa; Confusión.

Cuando usas tu orgullo, la confusión vendrá de inmediato.

El orgullo es una cosa terrible y no trae revelación de las escrituras. Por cualquier orgullo que tengas en tu vida, estarás confundido por él. Y la confusión no desaparece hasta que te arrepientes a Cristo y empieces a hacer lo que él ha mandado.
-Por esto es que los 'creyentes' sin disposición rechazan la gran comisión.

7. ¿Por qué me llaman '¡Señor! ¡Señor!' pero no hacen las cosas que digo?

Cuando nacemos de nuevo, se nos da una nueva vida del Señor. En esta nueva vida, no es normal que no le prediques el evangelio a los que están perdidos.

8.
Es de gran importancia que entendamos a quien le habla Jesús en Marcos 16:15-18.
En esta conversación, solo están sus discípulos quienes han renunciado a su vida por él, y que están dispuestos a ir y continuar las obras que Jesús cumplió en la cruz. Es decir, el predicar el evangelio a un mundo perdido y agonizante.

(1) Él le está hablando a sus discípulos. No a los que no están salvos.

(2) Él les da a sus discípulos el mandamiento de ir por el mundo a predicar el evangelio.

(3) Él dijo; Si crees (la misión comandada), entonces se bautizado.

(4) Él no les dijo que fueran y bautizaran a otras personas, pero que predicaran el evangelio.

(5) **Si eres un discípulo de Jesús Cristo, hoy tienes el mismo mandamiento.**

9.
(1) Marta escogió las cosas de este mundo. (Carne)

(2) María escogió las cosas espirituales que son importantes.

10. ?

Una persona espiritual es llevada por la Palabra de Dios y por el Espíritu.
Si uno rechaza lo que dice el Señor, es la maldad de la carne que ha tomado la decisión.
Detrás de cada decisión carnal están presentes los pensamientos de Satanás.

11. El Poder y la Sabiduría de Dios. (1 Corintios 1:23-24)

12. Tu misión en este mundo son los que no están salvos.

13. Predica el Evangelio.

14. No.

15. El bautismo en el Espíritu Santo.

16. ?

Si no estás bautizado en el Espíritu Santo, son tus actividades carnales que te obstaculizan durante el día. Empieza a obedecer a Cristo, desecha tu vida anterior, ofrécele tu cuerpo a Cristo como un trabajador que está dispuesto a seguirlo con el corazón. -El fruto del espíritu no vendrá a tu vida al menos que empieces a romper lazos con la carne.

17. ?

18. ?

19. ¡Que hagas lo que Cristo dice!

20. Si no vives y no respiras los mandamientos de Cristo, no vives en el renacimiento.

Notas;

_____

_____

_____

_____

_____

LECCIÓN 13

Santidad

¡La Obediencia Lleva a la Santidad!

El Día de Juicio, el cual se aproxima, es el día de la ira de Dios sobre el pecado. Aquellos que han ejercido el pecado deberán ser juzgados.
Hasta entonces, todos los renacidos tienen una importante misión; Predicarle el evangelio justo de Jesús Cristo al mundo.
-Si no obedeces lo que dice Marcos 16:15, la santidad no entrará a tu vida.

1. ¿Qué nos enseña Romanos 6:19?

_____

_____

2. ¿Qué dice Hebreos 12:14 sobre la santificación?

_____

_____

3. ¿En qué consiste la santificación? (Efesios 4:23-24)

_____

_____

_____

4. ¿Qué impulsó el amor de Dios a los discípulos el día después del Pentecostés? (Santiago 4:17)

_____

_____

_____

5. ¿Qué se le impone al corazón de todas las personas? (Eclesiastés 3:11)

_____

_____

6. ¿A que nos llama Dios? (1 Tesalonicenses 4:7)

_____

_____

7. Si desprecias la santificación, ¿Qué otra cosa desprecias? (1 Tesalonicenses 4:8)

8. ¿En donde se necesita más el fruto de la santificación? (Marcos 16:15)

9. ¿Cómo puedes amar a Dios si no estás dispuesto a pasar tiempo con él? (Juan 14:15)

Notas;

10. Tú parte en la santificación;

(1) ¿Que nos dice Romanos 6:13. 19?

_____

_____

_____

(2) ¿Por qué cosa deberías luchar en tu vida?
(2 Pedro 3:11)

_____

(3) ¿Por qué cosa deberás luchar en tu vida?
(Hebreos 12:14)

_____

(4) ¿Está bien si pecas un poco en tu camino?
(1 Pedro 1:15)

_____

_____

_____

(5) ¿Está bien con solo tener algo de santidad si no puedes dar más? (1 Tesalonicenses 5:23)

_____

_____

(6) ¿Hay perfección en la santificación? (2 Corintios 7:1)

_____

_____

(7) ¿Quiénes son los que no entran al reino en los cielos? (1 Corintios 6:9-10)

_____

_____

11. ¿Qué es lo que ofrece el Evangelio? (2 Corintios 7:1)

_____

_____

_____

_____

12. ¿Es personal tu fe? (Mateo 10:32-33)

Notas;

Respuestas a la Lección 13
Santidad

1. Presenta tus miembros (cuerpo) como esclavos de justicia para la santidad.

La obediencia es el único camino a la santidad. Si no quieres hacer lo que manda el Señor, no podrás caminar por el camino de la santidad.

2. Sin santificación, nadie verá al Señor.

3. Debes renovar tu mente y espíritu, vístete de la nueva personalidad.

4. Por lo tanto, si alguien sabe hacer lo correcto pero no lo hace, ya está pecando.

La obediencia es evidencia de tu salvación. ¡Mantenerse en silencio es un pecado! Predica el Evangelio.

Dios había concedido vida eterna a una humanidad agonizante. Justo en el momento que el Espíritu Santo fue concedido, los apóstoles empezaron a predicar el evangelio. No podían quedarse en el aposento alto porque el amor de Dios los impulsó a buscar a aquellos que estaban perdidos.
-Si alguien sabe hacer lo que es correcto pero no lo hace, ya está pecando.

5. Empieza en hacer discípulos. Dado a que está escrito en Eclesiastés 3:11, que la **eternidad** está puesto sobre el corazón de los hombres. Ya que hay mucha verdad en todas las personas, sin importar quienes sean, para que acepten la verdad del evangelio.

6. Dios nos llama para santificarnos.

7. Si desprecias la santificación, Desprecias a Dios.
(1 Tesalonicenses 4:8)

Si desprecias el mandamiento del Señor de ir por el mundo con el Evangelio, has creído en la mentira.
Si existe alguna mentira en tu ministerio, todo es una mentira.
Ref. La parábola de la levadura de los fariseos.

8. Entre los que no están salvos, quienes viven en la oscuridad.

9. Si me aman, obedecerán mis mandamientos.

10.

(1) Ofrécete a ti mismo como un servidor de justicia para la santificación. Romanos 6:13. 19.

(2) Lucha por un viaje sagrado.

(3) Lucha por ser santificado.

(4) Sé santo en todos tus caminos.

(5) Santifiquemos por completo.

(6) Si, en temor al Señor.

(7) Aquellos que obran mal.

11. El Evangelio ofrece el poder de vivir una vida pura.

12. Tu fe no debe ser personal.

Notas;

_____

_____

_____

_____

_____

_____

_____

_____

CAPÍTULO 14

Muchas gracias por leer este libro

Espero que haya servido de inspiración para ti, y que puedas tomarte la iniciativa de lanzarte al ministerio que nuestro Señor y Salvador Jesús Cristo tiene para ti.

Es esencial que desarrolles un entendimiento Bíblico de quien es nuestro Dios. Dedica tu vida, entrégale todo al Señor nuestro Dios. El dijo que las señales y maravillas vendrían para quienes crean.

Todo lo viejo, todos los deseos carnales, todo lo que va en contra de la palabra de Dios de tu vida, debe ser arrepentido. Todo conocimiento que necesitas debe venir del Señor. El da a todos los que estén dispuestos a dedicar su vida y obedecer sus mandamientos.

Toma asiento, busca al Señor con todo tu corazón, con todas tus fuerzas, y con toda tu mente.
Entonces lo conseguirás.

Mantente actualizado
Hay nuevos libros en camino. Mantente actualizado a nuestro sitio web para nuevas publicaciones.

www.SecretRevelations.com

Que Dios te bendiga.

Rune Larsen